Dieses Buch ist allen Mahnern und einsamen Rufern gewidmet, denen das Wohlergehen unserer Gesellschaft am Herzen liegt. Jeder kritische Geist ist einsam und gehört zu einer Minderheit. Die Minderheit von heute kann jedoch die Mehrheit von morgen sein.

Dieses Buch ist auch meiner Frau Marlene gewidmet für ihre kritischen und klugen Ratschläge, die mich in meinem Leben begleitet und die mir stets eine gute Ratgeberin ist.

Bonn, im März 2021

Michael Ghanem

Die Gedanken sind frei

Corona 2021

Warten

auf

Godot

Verlag und Druck: tredition GmbH, Halenreie 40-44, 22359 Hamburg

ISBN

978-3-347-28992-5 (Paperback)
978-3-347-28993-2 (Hardcover)
978-3-347-28994-9 (e-Book)

Die Abbildung auf der Titelseite ist bei adobe lizensiert (AdobeStock_22718967.jpeg)

Über den Autor: **Michael Ghanem**

https://michael-ghanem.de/
https://die-gedanken-sind-frei.org/

Jahrgang 1949, Studium zum Wirtschaftsingenieur, Studium der Volkswirtschaft, Soziologie, Politikwissenschaft, Philosophie und Ethik, arbeitete viele Jahre bei einer internationalen Organisation, davon fünf Jahre weltweit in Wasserprojekten, sowie einer europäischen Organisation und in mehreren internationalen Beratungsunternehmen.

Bonn, im März 2021

Er ist Autor von mehreren Werken, u.a.

„Ich denke oft.... an die Rue du Docteur Gustave Rioblanc – Versunkene Insel der Toleranz"
„Ansätze zu einer Antifragilitäts-Ökonomie"
„2005-2018 Deutschlands verlorene 13 Jahre Teil 1: Angela Merkel – Eine Zwischenbilanz"
„2005-2018 Deutschlands verlorene 13 Jahre Teil 2: Politisches System – Quo vadis?"
„2005-2018 Deutschlands verlorene 13 Jahre Teil 3: Gesellschaft - Bilanz und Ausblick
„2005-2018 Deutschlands verlorene 13 Jahre Teil 4: Deutsche Wirtschaft-Quo vadis?"
„2005-2018 Deutschlands verlorene 13 Jahre Teil 5: Innere Sicherheit- Quo vadis?"
„2005-2018 Deutschlands verlorene 13 Jahre Teil 6: Justiz- Quo vadis?"

„2005-2018 Deutschlands verlorene 13 Jahre Teil 7: Gesundheit- Quo vadis? Band A, B und C"
„2005-2018 Deutschlands verlorene 13 Jahre Teil 8: Armut, Alter, Pflege - Quo vadis?"
„2005-2018 Deutschlands verlorene 13 Jahre Teil 9: Bauen und Vermieten in Deutschland - Nein danke"
„2005-2018 Deutschlands verlorene 13 Jahre Teil 10: Bildung in Deutschland"
„2005-2018 Deutschlands verlorene 13 Jahre Teil 11: Der Niedergang der Medien"
„2005-2018 Deutschlands verlorene 13 Jahre Teil 12: Literatur – Quo vadis - Teil A"
„2005-2018 Deutschlands verlorene 13 Jahre Teil 13: Entwicklungspolitik – Quo vadis - Teil A"
„Eine Chance für die Demokratie"
„Deutsche Identität – Quo vadis?
„Sprüche und Weisheiten"
„Nichtwähler sind auch Wähler"
„AKK – Nein Danke!"
„Afrika zwischen Fluch und Segen Teil 1: Wasser"
„Deutschlands Titanic – Die Berliner Republik"
„Ein kleiner Fürst und eine kleine blaue Sirene"
„21 Tage in einer Klinik voller Narren"
„Im Würgegriff von Bevölkerungsbombe, Armut, Ernährung Teil 1"
„Im Würgegriff von Rassismus, Antisemitismus, Islamophobie, Rechtsradikalismus, Faschismus, Teil 1"
„Im Würgegriff der politischen Parteien, Teil 1"
„Die Macht des Wortes"
"Im Würgegriff des Finanzsektors, Teil 1"
"Im Würgegriff von Migration und Integration"
„Weltmacht Wasser, Teil 1"
„Herr vergib ihnen nicht! Denn sie wissen was sie tun!"
„Verfallssymptome Deutschlands – Müssen wir uns das gefallen lassen?"
„Deutsche identität und Heimat – Quo vadis?
„I know we can! Eine Chance für Deutschland"
„Im Würgegriff der Staatsverschuldung, Teil 1 und Teil 2"
„50 Jahre Leben in Deutschland – Ein Irrtum? Ein Schicksal"
„Eine Straße ohne Seele"
„Ist Deutschland auf Sand gebaut?"
„Leonidas der Große – Ich bin ein Mensch"
„Vier Millionen entrechtete Deutsche"
„Der Teich des Teufels – ein Märchen"
„Die heutigen Reiter der Apokalypse"
„Die Deutschen – ein verfluchtes Volk?

„Krisen in Zeiten von Corona, Teil 1"
„Thesen zur Gleichheit der Rassen"
„Die Sage vom Haus am See"
„2005 – 2021 Deutschlands verlorene 16 Jahre – Die Bilanz der Angela Merkel"

Inhaltverzeichnis

1. Vorbemerkung

Herr Michel ist ein rüstiger deutscher Rentner im Alter von 70 Jahren. Er hat sein ganzes Berufsleben in den Dienst Deutschlands gestellt. Er hatte gerade angefangen, sein Leben zu genießen als die Corona Pandemie sich über die Welt verbreitet hat. Er wohnt selbst in einer bevorzugten Wohnlage und kann sich nicht über finanzielle Probleme beklagen. Er selber hatte schon im Jahren 1968-1970 eine Pandemie erlebt und zwar die Hongkong Grippe. Die Anzahl der Toten in beiden Staaten Deutschlands belief sich damals auf knapp 54.000. Herr Michel kann sich nicht daran erinnern, dass das gesamte Land auf ein Minimum zurückgefahren worden wäre. Allein in Köln gab es damals über 1.000 Tote.

Umso erstaunter erlebt er nun, wie dilettantisch die aktuelle Krise gemanagt wird. Und vor allem von einer angeblich krisenerfahrenen und alternativlosen Kanzlerin. Er staunt nicht schlecht über die tagtägliche Gehirnwäsche durch die öffentlichen Medien, so dass man kaum mehr einen Rückzugsort hat um an etwas anderes denken.

In diesem Buch nähert sich der Autor der Corona Pandemiekrise aus einer ironischen Sicht.

2. Die Periode 1.2.20-30.5.20

Herr Michel hat die Periode zu Beginn der Pandemie als etwas Irreales erlebt. Er hatte Ende Dezember 2019 davon gehört, dass sich in China möglicherweise eine Epidemie anbahnen könnte. Im Januar hatte sich dann plötzlich ein Mitarbeiter eines Münchner Zulieferers der Autoindustrie bei einer aus China angereisten Kollegin angesteckt. Und dann musste die ganze Firma in Quarantäne gehen.

Anfang Februar 2020 erschien plötzlich der Gesundheitsminister auf der Bildfläche und meinte, dass wir möglicherweise eine Epidemie bekommen könnten. Er meinte aber, die Sache wäre nicht so schwerwiegend. Im Lauf des Februars 2020 wurde aber der Ton von Mal zu Mal bedrohlicher. Und plötzlich erschien neben dem Gesundheitsminister der Chef des RKI auf den Bildschirmen und fing an mit Zahlen zu jonglieren. Zuerst wurde der Bevölkerung nur das Abstandhalten empfohlen, denn das RKI war zu diesem Zeitpunkt nicht vom Maskentragen überzeugt - die im Übrigen kaum vorhanden und zu beschaffen waren.

Gegen Ende Februar bequemte sich die WHO, die Epidemie als Pandemie zu bezeichnen. Und nun begannen die tagtäglichen und fast stündlichen Ansagen von Zahlen und eine bis dahin noch nie gekannte Gehirnwäsche und Angstmacherei hinsichtlich von Zusammenkünften. Diese Gehirnwäsche hat ihr Ziel nicht verfehlt und so wurde langsam ein Shutdown angeordnet, mit allen möglichen Konsequenzen. Während dieser Zeit hatte vor allem die Fernseh-Übertragung der Situationen in Italien, in Frankreich und Spanien regelrecht Schock und Panik unter der Bevölkerung ausgelöst, so dass niemand es noch wagte, angesichts der Überforderung des italienischen Gesundheitssystems und angesichts des Einsatzes der Armee zum Leichentransport die Maßnahmen der Regierung infrage zu stellen.

Und so wurden tagtäglich Pressekonferenzen mit dem Gesundheitsminister und dem RKI Chef ausgestrahlt, die die alarmierenden Zahlen der Infektionen und der Toten mitteilten. Und somit wurde es fast zur Pflicht, jeden Morgen die Zahlen des RKI entgegenzunehmen. Bis dahin hatte sich die alternativlose Kanzlerin nicht bequemt, das Volk zu informieren oder eine Ansprache zu halten. Vielmehr hat sie sich darauf konzentriert Hinterzimmer Politik zu betreiben.

Erst gegen Mitte März 2020 bequemte sich die gnädige Frau, eine Ansprache an das Volk zu richten. Und vor allem zu verkünden, dass alle Geschäfte geschlossen würden außer den Lebensmittelgeschäften und den Baumärkten, Apotheken, Ärzten, Banken und einem Minimum an öffentlicher Verwaltung. Erstaunlicherweise hat der größte Teil der Bevölkerung dies ohne Murren hingenommen, denn man wusste nicht um die Gefährlichkeit des Virus. Selbstverständlich wurden Schulen und Kitas geschlossen, was die Eltern real überforderte. Aber angesichts der Bilder aus Italien und vor allem durch das tagtägliche Pensum an Gehirnwäsche haben die Eltern stillschweigend diese Last übernommen. Während dieser Zeit wurden die Grundrechte eingeschränkt, sodass manche Staatsrechtler der Meinung waren „Die Grundrechte sind nur für schöne Zeiten „.

Auch Herr Michel hat in dieser gesamten Zeit und mit seiner täglichen Portion an Gehirnwäsche ohne Murren die Anforderungen der Politik befolgt. Während dieser Zeit kam es zu erstaunlichen Verhaltensweisen der Bevölkerung beim Horten von Nahrungsmitteln, Toilettenpapier -

das sich zu einem der wichtigsten Güter entwickelt hatte - und Artikeln für die Körperpflege.

Es kam hinzu, dass auch Restaurants, Gaststätten und Hotels geschlossen wurden. Und dann wurden große Pläne zur Rettung der deutschen Wirtschaft verkündet und haben konkrete Formen angenommen.

Nachdem zuerst das Tragen von Gesichtsmasken verpönt worden war (denn sie waren kaum vorhanden, obwohl Deutschland Weltmeister in der Herstellung von Maschinen ist, die diese Masken produzieren), wurde es nun zur Pflicht. Dadurch entwickelte sich im Internet ein Wettrennen um die Masken, und die Preise betrugen plötzlich das vier- bis Fünffache des üblichen Preises. In der Not haben die Menschen sich selbst Masken aus allen möglichen Stoffresten genäht. Hinzu kommt die mangelhafte Belieferung der Bevölkerung mit Tests und Desinfektionsmitteln, und auch diese wurden zu horrenden Preisen über das Internet angeboten, es gab sogar Anleitungen zum Selbermischen im häuslichen Chemielabor. Dabei waren viele von denen sogar gefährlich. Die Kinder durften nicht mehr auf dem Spielplatz spielen aus Angst davor, dass sie das Virus übertragen würden. Und während der ganzen Zeit wurde der Bevölkerung vom RKI und den Politikern das tägliche Bulletin zur Götterdämmerung serviert.

Und dann wurde eine bis dahin unbekannte politische Institution ins Leben gerufen, das „Corona-Kabinett und der MPK-Konferenz, bestehend aus der Bundeskanzlerin und den Ministerpräsidenten der Länder. Die trafen sich periodisch im Rhythmus von ca. 14 Tagen, um im Hinterzimmer des Bundeskanzleramts politische Entscheidungen zu treffen und diese anschließend vom Bundestag und den Landtagen als Feigenblatt bestätigen zu lassen.

Nicht zu vergessen ist, dass sogar die Grenzen nach Frankreich, nach Österreich, der Schweiz, nach Polen, nach Dänemark, nach Tschechien geschlossen und der Reiseverkehr eingeschränkt wurde, was eigentlich gegen die EU-Verträge verstößt.

Bilanz des RKI am 8.6.20

Infizierte:	184.193
Verstorbene:	8.674
Genesene:	169.600
Langzeit Geschädigte:	keine Aussage

Und so wurde Herr Michel so wie die Hunde von Pawlow zu einem dressierten Mann.

„Herr, gib uns unsere täglichen RKI Zahlen, damit wir nicht mehr ruhig schlafen können!"

Das wurde sein Abendgebet.

3. Die Periode 15.6.20 – 1.11.20: Hurra wir leben!

„Hurra wir leben wieder!" schrie Herr Michel, nachdem er erfahren hatte, dass die Königin von Deutschland und ihre Ritter der Tafelrunde sogenannte Lockerungen und die Wiederherstellung von Grundrechten beschlossen hatten. Und so kam mit Beginn des Sommers die Erlaubnis sich frei zu bewegen und die Geschäfte und Baumärkte wurden wieder geöffnet. Das Tragen der Masken war weiter Pflicht. Man konnte nach Mallorca reisen, man konnte sogar ins Restaurant gehen - was Herr Michel auch gemacht hat. Man konnte auch in der Kneipe draußen sitzen und feiern und trotzdem waren die Ansteckungszahlen nach Meinung des RKI - das ihm schon wie Merlin erschien - immer noch zu vertreten.

Und so wurde es ein wunderschöner Sommer mit Feiern und Reisen und über allem schwebte das Tragen der Maske als Anomalie. Insbesondere die jungen Leute haben diese wiedergewonnene „Freiheit" als sehr wertvoll angesehen und haben manchmal übertrieben, was verständlich ist.

Überschattet wurde der Sommer von den politischen Manifestationen durch die sogenannten Querdenker, die Rechtsradikalen, die besorgten Bürger, die Reichsbürger, die Nazis, die sogar versucht haben den Reichstag zu stürmen - was die politischen Eliten äußerst nervös gemacht hat. Dabei haben diese mit ihrer alternativlosen Politik selbst dazu beigetragen, dass solche politischen Gruppierungen überhaupt entstanden sind.

Man glaubte, zurück im verloren geglaubten Paradies zu sein. Und trotzdem wurden weiter Tag für Tag zum Frühstück die Zahlen für das tägliche Mea-Culpa serviert und die ständigen Diskussionen im Fernsehen über das Für und Wider der getroffenen Maßnahmen erreichten ihren Höhepunkt.

Folgende Bilanz wurde zum 1. November 2020 durch das Orakel von Berlin verkündet. Die Zahlen sind kumulativ und stellen die Zahlen seit Beginn der Pandemie dar.

Anzahl der Infizierten:	532.930
Anzahl der Genesenen:	355.900
Anzahl der Verstorbenen:	10.481
Anzahl der Genesenen mit Langzeitfolgen:	?

Und so blieb Herr Michel so wie die Hunde von Pawlow ein dressierter Mann.

„Herr, gib uns unsere täglichen RKI Zahlen, damit wir nicht mehr ruhig schlafen können!"

Das blieb sein Abendgebet.

4. Die Periode vom 15.10.2020 - 15.11.2020

Und schon wieder begannen die Zahlen zu steigen und schon wieder wurde die Meinung des Orakels von Delphi eingeholt und schon wieder sollte ein Shutdown erfolgen und schon wieder konnten sich die Königin von Deutschland und ihre Mitstreiter nicht einigen. Und schon wieder wurden faule Kompromisse gemacht und es wurde ein leichter „Wellenbrecher" Shutdown verordnet. Damit sollten die Infektionszahlen zurückgedrängt werden. Und schon wieder hat dies nicht ausgereicht, denn ein Teil der Bevölkerung hat die Anordnungen nicht befolgt. Und schon wieder stiegen die Zahlen und die Sterblichkeit hat erheblich zugenommen.

Bilanz des RKI zum 15. 11.2020

Anzahl der Infizierten: *790.503*

Anzahl der Genesenen: *502.300*

Anzahl der aktiven Infektionen: *275,700*

Anzahl der Verstorbenen: *12.485*

Anzahl der Genesenen mit Langzeitfolgen: *?*

Und so blieb Herr Michel so wie die Hunde von Pawlow ein dressierter Mann.

„Herr, gib uns unsere täglichen RKI Zahlen, damit wir nicht mehr ruhig schlafen können!".

5. Die Periode 15.11.– 10.12.2020

Nachdem die Königin von Deutschland bemerkte, dass die bisher eingeleiteten Maßnahmen nicht zu dem von ihr gewünschten Erfolg geführt hatten, nämlich maximal 50 Infizierten je 100.000 Einwohner in einer Woche, (was im Übrigen auf keinerlei wissenschaftlicher Basis beruht, denn diese Zahl ist rein politisch), rief sie abermals die Ritter des runden Tischs zu einer Krisensitzung und es wurde beschlossen, dass man einen harten Shutdown durchführen muss.

Zur Beruhigung der Unternehmen und der Menschen, die zum Nichtstun verdonnert wurden, sollten diese mit der Hälfte ihres normalen Einkommens entschädigt werden. Der Märchen-Peter wurde beauftragt, ihnen Zusagen zu machen, wohlwissend dass er sein Wort nicht einhalten würde. Und so wurde dieser harte Shutdown als alternativlose Lösung verkündet, um die Zahl der Toten und der Kranken in Grenzen zu halten. Und so wurden auch die Kitas, die Schulen und die Universitäten ins Homeoffice geschoben. Und schon wieder wurden die Restaurants, Gaststätten, die Event-Veranstalter, die Kultur-schaffenden, die kleinen Unternehmen, der Handel zum Nichtstun verdonnert.

Der Finanzminister verkündete jedoch, dass er mit seiner Bazooka der Wirtschaft helfen würde, was dann aber selbstverständlich doch nicht geschehen ist. Und so wurde die Manipulationsmaschine der öffentlichen Medien auf volle Touren hochgefahren, um die tagtägliche Hirnwäsche durchzuführen. Um es wurde versprochen, dass zu Weihnachten für ein paar Tage doch wieder gewisse kleine Freiheiten gewährt wurden. Die Kritik der Staatsrechtler und Verfassungsrichter prallte an der Königin von Deutschland ab, ohne sie davon zu überzeugen, dass ihr alternativloser Durchmarsch mit erheblichen kollateralen Schäden verbunden ist.

Bilanz des RKI zum 10. 12.2020

Anzahl der Infizierten: 1.242.203

Anzahl der Genesenen: 922.100

Anzahl der aktiven Infektionen: 299.700

Anzahl der Verstorbenen: 20.372

Anzahl der Genesenen mit Langzeitfolgen: ?

Und so blieb Herr Michel so wie die Hunde von Pawlow ein dressierter Mann.

„Herr, gib uns unsere täglichen RKI Zahlen, damit wir nicht mehr ruhig schlafen können!"

6. Die Periode 11.12. bis Weihnachten 2020

Und schon wieder fand eine Krisensitzung der alternativlosen Königin und ihrer Ritter der Tafelrunde statt und schon wieder wurde mehrere Stunden bis in die Nacht hinein über weitere Verschärfungen diskutiert, da schlicht einfach der magische heilige Gral von 50 Infizierten je 100.000 Einwohner pro Woche noch in weiter Ferne lag.

Und schon wieder wurde die Manipulationsmaschinerie auf hohe Touren gefahren, um die Gefügigkeit der Bevölkerung zu erhöhen und schon wieder wurden angebliche Meinungsumfragen in den Vordergrund gestellt und schon wieder wurden Familienfeste zum Tabu erklärt. Die Erlaubnis Weihnachten mit der Familie zu feiern, wurde als Akt der Gnade verkündet. Aber Reisen wurden wieder zum Tabu erklärt.

Nun aber wurde die Hoffnung verkündet, dass man bald einen Impfstoff haben würde, der sofort für alle Leute verfügbar und der letztendlich wie mit einem magischen Stab alle Probleme und die gesamten Einschränkungen auf einmal lösen würde. Und dabei wurde eines der wichtigsten Wundermittel aus deutscher Herstellung hochgelobt.

Was jedoch verschwiegen wurde war, dass die Bestellungen bei der Busenfreundin der Königin und ihrer unfähigen Politiker nicht rechtzeitig erfolgt waren.

Bilanz des RKI zum 28.12.2020

Anzahl der Infizierten:	1.651.834
Anzahl der Genesenen:	1.255.700
Anzahl der aktiven Infektionen:	366.000
Anzahl der Verstorbenen:	30.126
Anzahl der Genesenen mit Langzeitfolgen:	?

Und so blieb Herr Michel so wie die Hunde von Pawlow ein dressierter Mann.

„Herr, gib uns unsere täglichen RKI Zahlen, damit wir nicht mehr ruhig schlafen können!"

7. Hurra! Wir haben einen Impfstoff und der ist deutsch

„Hurra!" rief der Herr Michel seiner Frau zu, als er vom Fernsehen erfuhr, dass ein Licht am Ende des Tunnels zu sehen wäre, weil endlich ein Impfstoff entwickelt worden wäre und dass dieser Impfstoff eine Zulassung in den USA erhalten habe und diese sei der Impfstoff der deutschen Firma Biontech und diese würde mit ihrem amerikanischen Partner teilweise in den USA produzieren und ein Teil der Produktion sollte sogar vor Ende des Jahres, sogar noch vor Weihnachten, nach Deutschland kommen, unter der Voraussetzung, dass dieser Impfstoff durch die EMA (die Zulassungsbehörde für medizinische Produkte in der EU zugelassen würde. Und plötzlich entstand in allen Fernsehkanälen ein Hype um das Produkt, was bei Herrn Michel ein erstaunlich komisches Gefühl im Bauch erzeugt hat.

Gleichzeitig wurde mitgeteilt, dass ein zusätzliches amerikanisches Produkt verfügbar wäre, das ebenfalls auf der sogenannten MRNA Technologie basierend würde. Und plötzlich wurde die Diskussion entfacht, wer zuerst geimpft werden sollte und wer zum Schluss. Sollten die vulnerablen Teile der Bevölkerung, d.h. alle über 80-jährigen, die in Heimen leben, zuerst geimpft werden oder die Berufstätigen in den systemrelevanten Berufen. Diese Diskussion entstand, bevor überhaupt die Produkte durch die EMA zugelassen wurde.

Und so blieb Herr Michel so wie die Hunde von Pawlow ein dressierter Mann.

„Herr, gib uns unsere täglichen RKI Zahlen, damit wir nicht mehr ruhig schlafen können!"

8. Impfcenter sofort organisieren!

Anfang November 2020 wurde im Rahmen der Nationalen Impfstoffstrategie für COVID 19 die Logistik der Massenimpfungen festgelegt und in einem 15-seitigen Papier war zu lesen, dass mindestens 60 Impfzentren im Land zur Verfügung gestellt werden und dass dafür 3 Milliarden € veranschlagt wurden. Und so mussten die Bundesländer so schnell wie möglich die Impfzentren aus dem Boden stampfen. Diese Projekte wurden von einem regelrechten Hype im Fernsehen begleitet. In der täglichen Hirnwäsche wurden Hoffnungen geweckt. Bei jeder Nachrichtensendung wurden die Impfzentren gezeigt, sodass jeder mit der Durchführung dieses Projekts konfrontiert wurde, wenn er den Fernseher anmachte.

Als Konsequenz daraus wurde in jedem Menschen die Hoffnung geweckt, dass wenn die Impfzentren fertig wären sofort der Impfstoff zur Verfügung gestellt würde. Und die Politiker hätten alles darangesetzt, dass es lediglich eine Frage von Wochen sei, bis große Teil der Bevölkerung und vor allem die Vulnerablen sehr schnell geimpft würden und dass mit der Impfung der schwierigste Abschnitt der Pandemie überwunden wäre.

Herr Michel war von Anfang an sehr skeptisch, ob dies möglich wäre, denn er hatte schon die Pandemie der Hongkong Grippe Ende der 60er Jahre erlebt.

Aber dann hieß es auf einmal, dass Deutschland einen kleinen Teil der Impfstoffe nach Weihnachten erhalten würde und dass der Rest erst im ersten Quartal bzw. zweiten Quartal 2021 folgen würde. Und nun stieg die Enttäuschung, denn es war immer versprochen worden, dass nach

Weihnachten der harte Shutdown zu Ende und damit ein Licht am Ende des Tunnels war.

Und so blieb Herr Michel so wie die Hunde von Pawlow ein dressierter Mann.

„Herr, gib uns unsere täglichen RKI Zahlen, damit wir nicht mehr ruhig schlafen können!"

9. Tag der Zulassung: Befreiung?

Am 21. Dezember 2020 wurde erwartungsgemäß der Biontech-Pfizer Impfstoff durch die EMA und am 22. Dezember durch die EU-Kommission in Brüssel zugelassen. Am gleichen Tag wurde er auch durch das Paul-Ehrlich-Institut für Deutschland freigegeben. Festzuhalten ist jedoch, dass dieser Impfstoff bereits am 12.12.2020 in den USA eine Notzulassung erhalten hatte und dass bereits zu diesem Zeitpunkt ein großer Teil des Impfstoffs in den USA ausgeliefert worden war. Festzuhalten ist auch, dass von den 50 Millionen bis Ende des Jahres 2020 produzierten Impfdosen nur ein Bruchteil nach Europa geliefert werden könnte. Lediglich 160.000 Dosen wurden nach Deutschland geliefert, sodass pro Bundesland ca. 10.000 Dosen zur Verfügung standen, die ab dem 28.12.2020 verimpft wurden, mit Startschuss in einem Pflegeheim.

„Hurra" sagte Herr Michel „wir haben es geschafft." Dann kamen schon die Fragen, warum so wenig bestellt worden ist. Und dann kam die Fragen, warum Europa so wenig und so spät bestellt hat. Die politische Elite sowohl in Berlin als auch in Brüssel ging auf Tauchstation. Bedenkt man, dass die Chefin der EU-Kommission Ursula von der Leyen und Busenfreundin von Angela Merkel ist, so stellt sich automatisch die Frage, wieviel Schaden diese pseudo alternativlose Kanzlerin Deutschland und Europa noch zufügen kann.

Und so blieb Herr Michel so wie die Hunde von Pawlow ein dressierter Mann.

„Herr, gib uns unsere täglichen RKI Zahlen, damit wir nicht mehr ruhig schlafen können!"

10. Wir haben nicht genug Impfdosen

Und plötzlich hieß es, dass der Gesundheitsminister Jens Spahn schon immer gesagt hätte, dass ganz am Anfang des Impfprozesses mit Problemen zu rechnen ist. Und er versuchte, die Bevölkerung zu vertrösten mit der Ankündigung, dass bald auch das Produkt von AstraZeneca zur Verfügung stehen würde und man dann erheblich größere Möglichkeiten hätte. Und unter Umgehung des Bundestages hat der „weise" Gesundheitsminister im Alleingang bestimmt, wie die Reihenfolge des Impfens zu erfolgen hätte. Und selbstverständlich waren zuerst die vulnerablen Heimbewohner über 80 Jahre dran. Er hatte dabei wohl vergessen, dass dies lediglich 20 % der über 80-jährigen ausmacht und 80 % der über 80-jährigen noch zu Hause leben. Er hatte es aber auch zuvor noch nicht geschafft, die Vulnerablen zu schützen und ihnen gleichzeitig ein normales Leben zu ermöglichen. Die angeordneten Schutzmaßnahmen bestanden darin, dass man sie von der Außenwelt abgekapselt hat.

Langsam kamen aber Informationen hoch, die die Fehler und die Unfähigkeit der EU-Kommission bei der Impfstoffbestellung an den Tag gebracht haben. Aber bis zur ersten Hälfte des Januar 2021 wurde die Hoffnung aufrechterhalten, dass das neue Produkt der Firma AstraZeneca bald zur Verfügung gestellt würde. Desungeachtet hat ohne vorherige Zulassung die Firma AstraZeneca 400.000 Dosen in die USA geliefert. In England hat sie eine Notzulassung erhalten und bis Ende des Jahres mehrere Millionen Impfstoffen geliefert. Die gleiche Firma erhielt auch eine Notzulassung in Israel und selbst in Südafrika. Und schon wieder wurde die Gehirnwäschemaschine der befreundeten privaten und öffentlichen Medien in Aktion gesetzt, um den größten Teil *der Bevölkerung auf mögliche Wartezeiten vorzubereiten. Und schon wieder wurde an die moralischen und ethischen Werte der Bevölkerung appelliert, sich stets zurückzunehmen zu Gunsten des älteren Teils der Bevölkerung.*

Und so blieb Herr Michel so wie die Hunde von Pawlow ein dressierter Mann.

„Herr, gib uns unsere täglichen RKI Zahlen, damit wir nicht mehr ruhig schlafen können!"

11. Die 20. Krisensitzung im Dezember 2020

Und schon wieder gab es dann eine Krisensitzung zwischen der Königin von Deutschland und den Rittern der Tafelrunde. Und schon wieder wurde stundenlang diskutiert und gestritten und schon wieder hat man sich darauf geeinigt, die Bevölkerung ratlos zu lassen. An den vorher getroffenen Maßnahmen und Entscheidungen für den harten Shutdown wurde nicht gerüttelt. Es wurden wieder einmal Ankündigungen über Transferleistungen gemacht, die aber mit einer unfähigen Bürokratie zunichte gemacht wurden.

Und wieder wurden die betroffenen Unternehmen vertröstet mit dem Versprechen, die Geldflüsse schneller zu machen und schon wieder wurde das gegebene Wort nicht gehalten. Und schon wieder wurde die Maschine der Desinformation auf die Menschen losgelassen und schon wieder wurde jegliche Kritik in Keim abgewürgt. Und schon wieder prallte die Kritik an der Regierung ab, ohne irgendwelche Veränderungen zu bewirken und schon wieder wurde die Königin von Deutschland hochgelobt.

Ohne zu sehen, dass inzwischen große Teile der Bürger jegliches Vertrauen in der Berliner Clique verloren haben und dass viele von ihnen sich ins Private zurückgezogen haben, weil sie sehr müde geworden sind einen Kampf gegen die Windmühlen führen zu müssen.

Und so blieb Herr Michel so wie die Hunde von Pawlow ein dressierter Mann.

„Herr, gib uns unsere täglichen RKI Zahlen, damit wir nicht mehr ruhig schlafen können!"

12. Bilanz 2020: Warten auf Godot

Herr Michel hatte nach einem Jahr in der Corona-Krise die Ansagen, die Versprechen und die Schimären so leid, die die Berliner Clique bzw. die Königin von Deutschland und ihre Ritter der Tafelrunde immer wieder propagierten, dass er für sich selbst eine kleine Bilanz über die Versprechen des letzten Jahres aufgestellt hat. Und so sieht diese aus.

- **Öffnung der Kitas**

Herr Michel hat in seiner Bekanntschaft viele Familien mit kleinen Kindern zwischen zwei und fünf Jahren, die alle in die Kita gingen. Er hat seit November 2020 immer darauf gewartet, dass die Öffnung der Kitas angekündigt würde. Aber Woche für Woche, Krisensitzung für Krisensitzung wurde entweder an die Bundesländer verwiesen oder aus Berlin wurde angeordnet, dass die Kitas lediglich für Notfälle geöffnet würden und nicht für den normalen Betrieb. In den Familien stiegen von Mal zu Mal der Frust und die Aggression gegen diese sogenannten Eliten, denn Mütter und Väter wurden daran gehindert, ihre Tätigkeiten normal auszuführen. Und vor allem bemerkten viele der Eltern Verhaltensänderungen bei den Kindern.

Das Nachtgebet von Herrn Michel lautet seitdem:

Herr, vergib ihnen nicht, denn sie wissen was sie tun!

- **Öffnung der Schulen**

In der in der Umgebung des Herrn Michel waren auch sehr viele Schüler in der Grundschule, im Gymnasium oder in der Berufsschule. Die Schüler waren gezwungen teilweise

Fernunterricht zu machen, obwohl das Homeschooling schlicht einfach bei vielen nicht möglich war, entweder aufgrund der Räumlichkeit oder aufgrund fehlender technischer Infrastruktur. Und am schwierigsten war es, wenn die Eltern nicht in der Lage waren, die Kinder zu unterrichten. Mütter und Väter wurden immer gereizter und teilweise aggressiv gegen die Kinder, obwohl die ja nichts dafürkonnten.

Und hier wurde nun für jeden ersichtlich, dass die sogenannten Spar-Orgien der Königin von Deutschland und ihrer Partei in den letzten 16 Jahren in den Bundesländern zu einem Zustand der Schulen geführt haben, der mehr als marode ist. Trotz angeblicher Anstrengungen waren weder die Lehrer für die digitale Schule vorbereitet worden, noch Lüftungsmöglichkeiten, noch Notfall-Organisation, noch Infrastrukturen für Netzwerke und Computer vorhanden oder nur in unzureichendem Maß. Schuld daran ist jedoch die von der Königin von Deutschland und ihren Rittern der Tafelrunde verfolgte Ideologie, die zur Zerstörung der Effizienz jeglicher staatlichen Aufgaben geführt hat.

Die scheinheilige Aussage, dass für die Kinder zu Hause ein geringeres Risiko bestünde als in der Schule, ist weder bewiesen noch glaubwürdig. Aber immerhin ein Drittel dieser Schüler zeigen nach Ansicht von Kinderpsychologen veränderte Verhaltensweisen. Tatsache ist auch, dass zurzeit in Deutschland 14 Millionen psychisch auffällige Kinder mit Angststörungen festzustellen sind. Der Herr Michel ist außer sich, wenn er an diese Problematik denkt.

Herr, vergib ihnen nicht, denn sie wissen was sie tun!

- ***Normalbetrieb für Universitäten***

Wer dachte, dass an Universitäten ein halbwegs normaler Betrieb herrschen würde, sah sich im Irrtum. Auch die Versuche der Universitäten einen digitalen Betrieb aufrecht zu erhalten ist nur mit mittelmäßigem Erfolg beschieden. Hinzu kommt, dass ein großer Teil der Studenten aufgrund des Shutdowns ihre Jobs verloren haben und somit gezwungen sind, wieder bei ihren Eltern zu wohnen und zu leben, was wiederum das Familienleben erheblich belastet hat. Zu den üblichen Ängsten, die viele Studenten aufgrund der unsicheren Zukunft haben, kamen nun regelrechte Existenzängste und Ängste um die Finanzierbarkeit ihrer Ausbildung hinzu. Hier haben weder die Königin von Deutschland noch ihre Ritter der Tafelrunde eine brauchbare Lösung angeboten, geschweige durchgesetzt.

Herr, vergib ihnen nicht, denn sie wissen was sie tun!

- ***Öffnung von Gaststätten und Restaurants***

Festzuhalten ist, dass während der gesamten Pandemiezeit außer im Intermezzo von Juni 2020 bis zum Oktober 2020 die Gaststätten und Restaurants geschlossen worden sind, obwohl sie zuvor gedrängt worden waren, erhebliche Investitionen für den Schutz der Gäste vorzunehmen. Ein Freund von Herr Michel betreibt ein Restaurant und sieht sich in seiner Existenz auf das Höchste bedroht. Seit 14 Monaten muss er in Unsicherheit leben, denn die Königin von Deutschland und ihre Ritter sind nicht in der Lage Planungssicherheit herzustellen.

Auch werden die sogenannten Hilfen nicht annähernd die Fixkosten decken, geschweige denn ein Überleben dieses Unternehmens möglich machen. Hinzu kommt, dass der unfähigste Wirtschaftsminister, den Deutschland je hatte, noch nicht einmal in der Lage ist, eine einfache Antragstellung und schnelle Geldflüsse zu garantieren. Vielmehr vertiefte er sich in seiner rein ideologischen Verbohrtheit in Grabenkämpfe mit dem Finanzminister. Die Hotel- und Gaststätten Verbände rechnen damit, dass mindestens 30-40 % der Unternehmen auf der Strecke bleiben werden und Insolvenz anmelden müssen. Der Herr Michel und seine Frau vermissen es, die Möglichkeit zu haben wenigstens einmal pro Monat essen gehen zu können. Dies wird ihnen verwehrt.

Herr, vergib ihnen nicht, denn sie wissen was sie tun!

- **Urlaubsplanung**

Wer davon träumt im Jahr 2021 einen Urlaub planen zu können, sieht sich vor unlösbaren Problemen. Und wiedermal ist die Planungsunsicherheit oberste Maxime der Königin von Deutschland und ihrer Ritter der Tafelrunde, denn man muss ja dem Prinzip des Auf-Sicht-Fahrens als sogenannter alternativloser Methode während einer Pandemie folgen. Dies ist von Grund auf falsch, denn unter dem Vorwand des Schutzes der Vulnerablen (die im Übrigen nicht geschützt werden, da ein Minimum an Organisation und Finanzen nicht zur Verfügung gestellt werden), wurde ein Shutdown für die gesamte Gesellschaft und den gesamten Tourismus auferlegt. Und die Mobilität wurde ausgesetzt.

Dies hat zweierlei Konsequenzen, dass nämlich die Anzahl der psychischen Krankheiten aus Mangel an sozialen Begegnungen und Einsamkeit steigt und Deutschland noch sehr lange beschäftigen wird und dass gleichzeitig der Tourismus zerstört wird, sei es in Deutschland oder in

Europa, was wiederum unmittelbare Auswirkungen auf die wirtschaftliche Entwicklung Deutschlands haben wird. Der Herr Michel, der auch Bekannte in der Tourismusbranche hatte, sah wie sie verzweifelt nach Alternativen suchen, denn manche von denen haben schon ihre Existenz verloren. Insoweit:

Herr, vergib ihnen nicht, denn sie wissen was sie tun!

- **Öffnung des Handels**

Wer glaubte, dass die Investitionen im Einzelhandel und Geschäftsleben sich lohnen würden um ein Minimum an Publikumsverkehr zu ermöglichen, sah sich außer in den Monaten Juni bis Oktober 2020 getäuscht. Der gesamte Handel innerhalb der Städte, in den Dörfern oder in den Metropolen hatte alles dafür getan, dass die AHA-Regel eingehalten wird oder dass die Kunden den Abstand, die Hygiene und die Maskenpflicht befolgen. Sie haben erhebliche Summen investiert, um den Publikumsverkehr zu regeln und trotzdem mussten sie schließen.

Der Hinweis, dass man ja einen Teil der Waren über das Internet vertreiben könnte, war nur bedingt hilfreich und löste nicht die Probleme der Händler. Hinzu kommen eine Verödung der Innenstädte und finanzielle Einbußen für die Städte durch die fehlende Gewerbesteuer.

Herr Michel hat zwei Freunde, die kleine Geschäfte mitten in der Stadt hatten, und er sah wie diese kleinen Geschäftsleute ihren Niedergang erlebt haben. So mussten sie beide ihre Geschäfte aufgeben und was ihnen übrig blieb waren viele Schulden, die sie abzutragen haben. Und schon wieder hatten die Königin von Deutschland und ihre Ritter der Tafelrunde darauf gedrängt, dass der Shutdown des Handels ein wesentlicher Teil der Strategie sein muss, was aber von vielen Epidemiologen bezweifelt wird.

Hier ist zu vermerken, dass die Königin von Deutschland keine kreativen Denker unter ihren Beratern duldet und dass insoweit ihre sogenannten Berater nur ein Stab von Jasagern sind.

Herr, vergib ihnen nicht, denn sie wissen was sie tun!

• *Bewegungsfreiheit*

Der Herr Michel lebte eigentlich relativ zurückgezogen, nur eines war ihm immer wichtig: er war Herr seiner Bewegungsfreiheit und diese wurde aufgrund des Shutdowns und des Verbots von Zusammenkünften sehr stark eingeschränkt. Herr Michel hat jedoch keinen Sinn gesehen in der Einschränkung der Bewegungsfreiheit, denn sich frei an der Luft zu bewegen und mit Freunden zusammenzukommen ist eine wesentliche Grundlage für die psychische Hygiene eines Menschen. Dies wurde untersagt aus Angst davor, dass die Infektionszahlen Zahlen des Heiligen Grals steigen würden. Sich allein auf eine künstlich gesetzte Zahl als feste Grundlage für jegliche Entscheidungen in der Pandemie zu stützten, ist schlicht einfach falsch.

Aber die Königin von Deutschland und ihre Ritter der Tafelrunde haben über alle Medien und die ständige Berieselung der Bevölkerung durch gefällige Journalisten Sorge dafür getragen, dass diese Zahl wie ein Heiliger Gral angesehen wird. Die sogenannte Überforderung des Gesundheitswesens in Deutschland ist bedingt durch das jahrelange sinnlose Sparen der Königin von Deutschland und ihrer Ideologie des Neoliberalismus. Hinzu kommt, dass die Zahl von 50 reduziert worden ist auf die Zahl von 35 weil der Virus mutiert ist. Die Erkenntnis, dass ein Virus mutiert, ist so alt wie die Viren an sich und dass man für jede Mutation eine neue adäquate Lösung suchen muss ist eine Selbstverständlichkeit. In übrigen gab es am 15. 2.21 nach Erkenntnis der WHO über 3000 Mutationen weltweit.

Herr, vergib ihnen nicht, denn sie wissen was sie tun!

- **Absage des Karnevals**

Wer geglaubt hat, dass im Rheinland eine so wichtige Tradition wie der Karneval in irgendeiner Weise durchgeführt wird, sah sich getäuscht. Der gesamte Karneval und die Karneval Feiern wurden aufgrund der Entscheidung der Königin von Deutschland und der Ritter der Tafelrunde abgesagt. Diese sozialpsychologisch so wichtige Phase wurde nicht durchgezogen und das führte dazu, dass der Anteil der Psychosen mit Sicherheit zugenommen hat. Hinzu kommt, dass der wirtschaftliche Verlust von über 1,5 Milliarden und die daraus resultierenden Steuermindereinnahmen für die gesamte Region von erheblichem Gewicht ist. Die Vertröstung darauf, dass im Jahr 2022 der normale Karneval stattfinden wird, stellt lediglich einen billigen Trostversuch dar.

Herr, vergib ihnen nicht, denn sie wissen was sie tun!

- **Normaler Betrieb in Alters- und Pflegeheimen: Tabu**

Wer glaubte, dass der Betrieb der Alten- und Pflegeheime durch adäquate Lösungen wieder herzustellen sei, sah sich enttäuscht, denn als Begründung des allgemeinen Shutdowns wurde von Anfang an der Schutz der vulnerablen

Teile der Gesellschaft als Ziel angegeben. Das aber weder konsequent verfolgt noch erreicht worden ist. Die Abkopplung der Alten von ihren Familien zu Beginn und während der gesamten Phase hat zu einer äußerst schmerzhaften Erfahrung in der Gesellschaft geführt. Dass so viele alte Menschen einsam und ohne einen Abschied von ihren Angehörigen sterben mussten, stellt einen Tabubruch dar, der mit Sicherheit in seinen Konsequenzen Deutschland noch jahrelang beschäftigen wird.

Der irrsinnige Glaube, dass man diese vulnerable Gruppe nur mit Placebo-Hilfen schützen würde, hat sich als Sackgasse erwiesen. Die Alten- und Pflegeheime haben schon lange allein aufgrund der unzureichenden Zahl von Pflegekräfte sowie deren miserablen Bezahlung darunter zu leiden, dass die Betreuung der Vulnerablen suboptimal durchgeführt wird. Und gerade in einer Pandemie müssen diese Einrichtungen mit allen notwendigen Mitteln versorgt werden, denn der Preis des Shutdowns ist erheblich höher als die gezielten Schutzmaßnahmen für diese Bevölkerungsgruppe. Aber typisch für die Königin von Deutschland und ihren Rittern der Tafelrunde: es wurde mehr angekündigt als was dann getan wurde.

Herr, vergib ihnen nicht, denn sie wissen was sie tun!

- *Versprochene Wirtschaftshilfen*

Wenn der Finanzminister in Begleitung des Wirtschaftsministers vor die Presse trat, wurde versprochen, dass die Hilfen als Bazooka anzusehen wären denn die werden schnell, unbürokratisch, und in einer Größenordnung zur Verfügung gestellt, die noch nie genehmigt worden ist. Tatsache ist jedoch, dass Peter Altmaier, der unfähigste Wirtschaftsminister seit Gründung der Bundesrepublik, anstelle eines sehr vereinfachten Verfahrens ein äußerst kompliziertes Verfahren aufgesetzt hat. Ein großer Teil der Betroffenen hat aus diesem Grund auf Anträge verzichtet, der andere Teil hat die November Hilfen bis zum Februar 2021noch nicht erhalten. Dass der Mittelstand und die Klein- und Einzelunternehmen außer sich sind, ist mehr als verständlich. Die einzige Kompetenz des Herrn Altmaier ist die Freundschaft, die ihn mit der Kanzlerin verbindet. In keinem einzigen der ökonomischen Probleme, die das Land hat, hat er irgendeine Lösung gefunden und umgesetzt.

Es wurde immer nur versprochen und immer größere Hilfen angekündigt, ohne jedoch dafür Sorge zu tragen, das bereits Zugesagte auch umzusetzen. Typisch für die Königin von Deutschland: Ankündigen, bei der Umsetzung hapert es jedoch. Zudem ist er nicht in der Lage und nicht willens, gegen den Willen seiner Königin konkrete Zeiträume zu benennen in denen allmählich zur Normalität zurückgegangen wird. Die kritischen Ökonomen Deutschlands rechnen mit einer beispiellosen Pleitewelle sobald die Möglichkeit gegeben wird wieder Insolvenz-Anmeldungen durchzuführen. Die Eigenkapitaldecke ist bei über 60 % der betroffenen Unternehmen aufgebraucht und Rückgriffe auf die persönliche Altersversorgung sind an der Tagesordnung. Insoweit hat Peter Altmaier noch mehr Schaden angerichtet als denkbar. Insoweit:

Herr, vergib ihnen nicht, denn sie wissen was sie tun!

- **Tote Innenstädte**

Fakt ist, dass von Anfang November 2020 bis 15. Februar 2021 die Innenstädte erschienen, als ob sie tot wären. Es gab kaum Publikumsverkehr, die meisten der Geschäfte waren geschlossen, es herrschte eine Niedergangs-

Stimmung, die man real spüren konnte, alle Parkplätze der Innenstädte waren leer. Kaum jemand war in den Innenstädten unterwegs, außer zu Ärzten oder zu Apotheken. Dies hat zur Konsequenz, dass der größte Teil des Handels, der Gastronomie und sonstigen liebenswerten Einrichtungen der Innenstädte geschlossen und von Insolvenzen bedroht sind, auch Opern und Theater und Kinos.

Es fragt sich dann, ob sich nach der Pandemie das Leben hier wieder ansiedeln kann oder ob Wirtschaftsaufbauprogramme notwendig sind, was die Verschuldung von Städten und Gemeinden abermals in die Höhe treiben wird. Insoweit

Herr, vergib ihnen nicht, denn sie wissen was sie tun!

- **Verbotene Konzerte**

Betrachtet man die Konzertlandschaft so muss festgestellt werden, dass alle Konzertveranstalter kurz vor der Insolvenz stehen und damit verbunden Tausende von Arbeitsplätzen wegfallen werden. Obwohl sie ein erstklassiges Hygiene Konzept vorbereitet haben und die AHA Vorgaben erstklassig umgesetzt haben, wurden die Konzerte verboten und die angekündigten Transferzahlungen des Staates finden nicht statt. Die Voraussetzungen für die Beantragung sind so bürokratisch und die Bearbeitung der Anträge ist so miserabel, dass kaum Geld fließt. Dies hat abermals der schlechteste Wirtschaftsminister aller Zeiten zu vertreten und damit die Königin von Deutschland. Insoweit

Herr, vergib ihnen nicht, denn sie wissen was sie tun!

- **Geschlossene Theater und Kinos**

Wer glaubte, dass Theater und Kinos wegen der umfangreichen Hygienekonzepte geöffnet bleiben würden, sah sich enttäuscht, denn auch Theater und Kinos wurden geschlossen und die Betreiber oder Inhaber stehen kurz vor der Insolvenz, auch wenn die Theater durch Städte und Kommunen und das Land subventioniert sind. Die Königin von Deutschland und ihre Ritter der Tafelrunde haben nicht verstanden, dass Kultur gerade in Pandemien oder in Naturkatastrophen eine wesentliche Komponente der Sozialhygiene von Völkern sind.

Herr, vergib ihnen nicht, denn sie wissen was sie tun!

- **Geschlossene Opernhäuser**

Wer geglaubt hatte, dass Opern und Theater, die doch Kulturhochburgen von Städten, Gemeinden und Ländern sind, von den Schließungen ausgespart würden, sah sich eines Besseren belehrt. Sie wurden zunächst auch nicht unterstützt. Angesichts des desolaten wirtschaftlichen Zustands von vielen Opernhäusern und angesichts dessen, dass die Opern ein Grundpfeiler der Kultur und damit der sozialen Seele sind, ist es unverständlich, dass die umfangreichen Hygienemaßnahmen und Konzepte, die die Opernhäuser vorgelegt haben, keine Rolle gespielt haben und mit der sogenannten alternativlosen Politik der Königin von Deutschland und ihren Rittern der Tafelrunde ein Kahlschlag über die gesamte Kulturlandschaft verübt worden ist. Insoweit

Herr, vergib ihnen nicht, denn sie wissen was sie tun!

- *Geschlossene Bibliotheken*

Wer glaubte, dass Bibliotheken mit ihren umfangreichen Hygiene-Konzepten von den Maßnahmen ausgespart würden, sah sich enttäuscht, denn abermals haben die Königin von Deutschland und ihre Ritter der Tafelrunde auch diesem Ort der Kultur und der Wissenschaft und dem Lesen eine Absage erteilt. Unverständlich, denn man hätte durchaus die Möglichkeit gehabt über die Begrenzung der Zahl der Leser das Risiko zu minimieren, aber Bibliotheken haben anscheinend in den Augen der alternativlosen Politiker keine Relevanz für ein Volk.

Herr, vergib ihnen nicht, denn sie wissen was sie tun!

- *Kollaterale Schäden*

Die Königin von Deutschland und die Ritter der Tafelrunde haben ein wesentliches Element der Pandemie unterschätzt: die Bewertung der Kollateralschäden, die durch den Shutdown und sonstige Maßnahmen verursacht werden. Diese Schäden werden möglicherweise erst nach Jahren für jeden sichtbar werden und die Gesellschaft wird möglicherweise einen teuren Preis zu bezahlen haben. Insbesondere die mangelhafte und beschädigte Bildung und Erziehung der Kinder können die Gesellschaft auf Generationen beschäftigen.

Es kommt hinzu, dass ein Teil der Unternehmen und Personengesellschaften, die in die Insolvenz gehen, nicht wieder zurückfinden werden, denn mit Sicherheit sind diese Unternehmer und Einzelunternehmer zermürbt. Es kommt hinzu, dass die Schäden, die man an der Kultur in ihren verschiedenen Facetten durch den Shutdown angerichtet hat, nicht mit Geld zu beheben sein werden. Alles dies wissen die sogenannte alternativlose Königin von Deutschland und ihre Ritter der Tafelrunde.

Herr, vergib ihnen nicht, denn sie wissen was sie tun!

- **Zunahme von psychischen Krankheiten und Angststörungen**

Alle namhaften Psychiater, Psychologen, Soziologen und Sozialpsychologen warnen von der inflationären Zunahme von psychischen Krankheiten und Depressionen sowie Angststörungen, die immerhin schon fast 14.000.000 der Kinder erfasst hat. Depression und Angst beschränken sich nicht nur auf die Kinder und Heranwachsenden, sondern vor allem auch auf die Eltern, die Existenzangst haben oder Angst um den Arbeitsplatz. Dies ist nach Erkenntnissen von Fachärzten eine erhebliche Quelle für die Krankheit der Kinder, die spüren, wenn die Eltern Angst haben oder wenn die Situation ihnen Angst macht. Insbesondere die Schließungen der Kitas und Schulen bewirken einen erheblichen Schaden bei den Kindern, die als soziale Wesen die Gleichaltrigen brauchen und nicht nur die Älteren. Dies scheint bei der sogenannten alternativlosen Königin von Deutschland und ihren Rittern der Tafelrunde nicht richtig angekommen zu sein.

Herr, vergib ihnen nicht, denn sie wissen was sie tun!

- **Zunahme von Gewalt in der Familie**

Seit dem 1. Shutdown in Februar 2020 und den ersten Schließungen von Kitas, Schulen und Universitäten sowie den Schließungen von Handel, Gastronomie, Hotels, Tourismus, Kinos, Events, Bibliotheken, Opern, Amateursport,

Sportklubs, Schwimmhallen und vor allem seit der Ausweitung des Home Office bei gleichzeitigem Homeschooling in beengten Räumen haben Aggressionen der Kinder und zwischen den Kindern in erheblichem Maße zugenommen. Hinzu kommt, dass auch die Aggression der Eltern untereinander und gegenüber den Kindern wegen des verbreiteten Gefühls der Hilflosigkeit in erheblichem Maße zugenommen hat. Dies wird nicht ohne Konsequenzen für die Gesellschaft sein und man muss davon ausgehen, dass Scheidungen und Verwahrlosung von Kindern erheblich zunehmen werden. Es stellt sich die Frage, ob die Königin von Deutschland und ihre Ritter der Tafelrunde dies in der letzten Konsequenz bedacht haben.

Herr, vergib ihnen nicht, denn sie wissen was sie tun!

- ### Schwindender Zusammenhalt in der Gesellschaft

Am Anfang der Krise d. h. in den Monaten Februar, März, und April 2020 war der Zusammenhalt in der Gesellschaft das oberste Gebot. So haben die Jüngeren den Älteren geholfen, die Nachbarn untereinander und man hat aufeinander aufgepasst. Nach dem Intermezzo des Sommers haben sich jedoch Stimmung und Verhalten in der Gesellschaft in erheblichem Maße verändert und der Egoismus nahm überhand. Es fragt sich, ob die Entscheidungen der Königin von Deutschland und der Tafelrunde sowie die ständige Berieselung der Bevölkerung mit Katastrophenszenarien und Angstmacherei nicht den Zusammenhalt der Gesellschaft zum negativen verändert haben.

Herr, vergib ihnen nicht, denn sie wissen was sie tun!

13. Die 23. Krisensitzung im Januar 2021

In der Krisensitzung von Januar 2021 - immerhin die 23. - wurde festgestellt, dass das Erreichen des Grals von 50 Infizierten pro Woche auf 100.000 Einwohner noch weit entfernt ist und dass man den harten Shutdown noch länger durchzuhalten hat, es wurde sogar von Ostern und Pfingsten gesprochen. Während dieser Sitzung hat sich die Königin von Deutschland weitgehend mit ihren Vorstellungen durchgesetzt, ohne jedoch einen realen Ausblick und Ziele von sich gegeben zu haben.

Nach dieser Krisensitzung wurden vor allem die Versäumnisse und Fehler der Impfstoffbeschaffung durch die EU und durch Ursula von der Leyen sichtbar. (Immerhin die Busenfreundin der Königin von Deutschland). Und es wurde sichtbar, dass die Königin von Deutschland mit aller Kraft die Beschaffung über die EU und während der deutschen Ratspräsidentschaft betrieben hat - zu Lasten einer frühzeitigen Beschaffung des Impfstoffes als einzige Hoffnung in dieser Pandemie.

Herr, vergib ihnen nicht, denn sie wissen was sie tun!

14. Die 24. Krisensitzung im Februar 2021

In der 24. Krisensitzung im Februar 2021 wurde zwar festgestellt, dass der Weg zum Gral kürzer geworden ist, dass sich jedoch ein neuer Drachen ankündigt, der letztendlich keine Erleichterungen zulässt- sei es für die Familien, für den Handel, für die Gastronomie, für den Tourismus. Dennoch haben die Königin von Deutschland und ihre Ritter der Tafelrunde großzügig bestimmt, dass die Friseure zum 1. März öffnen dürfen. Erstaunlicherweise war der alte Gral mit dem Ziel von 50 Infizierten pro 100.000 eine Woche später schon nicht mehr aktuell, sondern es wurde dann ein neuer Gral mit der Zahl von 35 ausgegeben, ab der man möglicherweise gewisse Erleichterungen in Erwägung ziehen würde.

Hinsichtlich der Schulen und Kitas wurde bestimmt, dass allein die Ritter der Tafelrunde jeder für sich dies entscheiden würden und jeder für sich den Tag der Öffnung bekannt geben würde. Lediglich ein Wirtschaftszweig bzw. ein Beruf war als systemrelevant ausgewählt worden. Vor allem wurde der harte Shutdown weiter bis zum 3. März 2021 festgeschrieben und erst dann würde man eventuell andere Schritte in Erwägung ziehen. Hinzu kam die ständige Angstmacherei vor den Mutationen des Virus, aber Mutationen sind bei Viren ganz normal, wenn sie sich über lange Zeit ungehindert verbreiten können. Hinzu kam, dass anscheinend einer der Impfstoffe mit Problemen behaftet ist. Der sogenannte alternativlose Weg der Königin von Deutschland und ihren Rittern der Tafelrunde ist nicht mehr zu verantworten und es wäre klug dies in den kommenden Wahlen zu sanktionieren.

Herr, vergib ihnen nicht, denn sie wissen was sie tun!

15. Kollaterale Schäden

Folgende Kollateralschäden sind in Deutschland entstanden durch einen nicht abgestimmten Shutdown, verordnet durch die Königin von Deutschland und ihre Ritter der Tafelrunde:

- **Familien**

Die kollateralen Schäden an den Familien durch den rigorosen Shutdown, der Schließung von Kitas, Schulen, Universitäten, Berufsschulen und dem verordneten Homeoffice sowie Homeschooling wird auf lange Zeit Schäden bei den Kindern selber aber auch bei den Eltern hervorrufen und der Gesellschaft langwierige und teure Gesundheitskosten bescheren. In Teilen der Mittelschicht und in den unteren sozialen Schichten bedeuten allein die beengte Wohnraum-Situation in Städten einen erheblichen Nachteil für die Weiterentwicklung der Kinder und die Festigung von Beziehungen.

Da auch der Gang zur Kirche eingeschränkt ist und da es für den Einzelnen kaum Rückzugsorte gibt, stauen sich Aggressionen an und finden ihre Bahn. Hinzu kommt, dass die Gewalt gegenüber Kindern, der Kindern untereinander und Gewalt gegen Frauen in erheblichem Maße zunehmen werden.

Gleichzeitig verliert die Familie ihre Rolle als Schutzfunktion für Kinder und Schwache. Wenn man in normalen Zeiten in der Berufs- und Schulwelt Probleme hatte, hatte man immer die Möglichkeit sich zu Hause zurückzuziehen. Dies fällt bei ständigem gleichzeitigem Wohnen, Schlafen, Essen und Arbeiten in beengten Wohnräumen weg. Hier scheinen die Königin von Deutschland und ihre Ritter der

Tafelrunde die Brisanz dieser Problematik nicht verstanden zu haben.

Herr, vergib ihnen nicht, denn sie wissen was sie tun!

- **Schulen**

Der Zustand der Schulen, die vor der Krise schon in einem erbärmlichen Zustand waren, wurde während der Krise nicht verbessert. Die Schaffung von baulichen Infrastrukturen zur Belüftung der Klassenräume wurde abermals verschlafen und billigend in Kauf genommen, dass die Kinder in ein Homeschooling geschickt worden sind, obwohl durch organisatorische Maßnahmen und dem Einbau von technischen Infrastrukturen durchaus ein Präsenzunterricht zumindest alternativ angeboten werden könnte. Die Digitalisierung der Schulen, die schon vor der Krise miserabel war, hat sich durch die Krise nicht wesentlich verbessert. Weder die Netzwerke noch die Ausstattung mit Computern sowie das Erlernen des digitalen Unterrichts durch die Lehrer haben kaum Fortschritte gemacht. Am Beispiel der Schule zeigen sich die immensen Versäumnisse, die die Königin von Deutschland und ihre Tafelrunde mit den beispiellosen Sparorgien dem Land angetan haben.

Herr, vergib ihnen nicht, denn sie wissen was sie tun!

- **Politik**

Wer glaubt, dass der Shutdown und das Regieren am Parlament vorbei ohne Auswirkung blieben, der irrt sich. Auch hier haben die Königin von Deutschland und ihre Ritter der Tafelrunde dem politischen System erheblichen Schaden zugefügt, denn Diskussionen und Entscheidungen haben

*im Parlament stattzufinden und erst danach wird abge-
stimmt über Maßnahmen und deren Umsetzung. Dies umzusetzen haben die Königin von Deutschland und ihre Tafelrunde in sträflicher Weise umgangen - angeblich um
schnelle Entscheidungen zu erreichen. Die Begründung ihres Tuns ist weder glaubwürdig noch nachvollziehbar. Der
Hinweis, dass jeder einzelne Ritter der Tafelrunde sich seinem Parlament stellt, ist auch nur die Hälfte der Wahrheit,
denn er stellt sich seinem Parlament, nachdem er entschieden hat bzw. nachdem diese Clique von Eliten über erhebliche Eingriffe in Grundrechte und in Rechte der Bürger
entschieden hat. Damit vermittelt die Politik den Eindruck,
dass Grundrechte und Rechte lediglich für die Demokratie
bei Schönwetterwetter gelten und nicht als Fundament
dieser Gesellschaf immer und in jeder Lage.*

Herr, vergib ihnen nicht, denn sie wissen was sie tun!

- **Zerstörung der Demokratie**

*Mit den an den Tag gelegten Unarten der Politik haben die
Königin von Deutschland und ihre Tafelrunde der Demokratie erheblichen Schaden zugefügt. Wenn sie jegliche
Kritik abprallen lassen ohne sie zu berücksichtigen wird
die Macht des Souveräns stark in Frage gestellt. Wenn sie
jeden Tag die Bürger mit Angst berieseln, findet dies seinen
Niederschlag darin, dass immer mehr Teile der Bevölkerung nicht mehr an die Macht der Demokratie glauben,
sondern vielmehr Verschwörungstheorien anhängen und
sich ins Private zurückziehen, ohne noch Rücksicht zu neh-
men auf demokratische Auseinandersetzungen. Dadurch
dass stets 3-4 Parteien im Fokus der tagtäglichen Berieselung der Bevölkerung durch hörige öffentliche und private
Medien stehen, werden Vermutungen angefeuert, dass die*

da oben alle unter einer Decke stecken und die Bevölkerung disziplinieren wollen, um ihre Ziele zu erreichen. Es darf daher nicht wundern, dass der Anteil der aktiven Teilnehmer an Wahlen abnehmen wird und dass die Aggressionen gegen einzelne Politiker im Internet oder über direkte Aktionen aufgrund des Mangels der realen demokratischen Prozesse zunehmen werden.

Herr, vergib ihnen nicht, denn sie wissen was sie tun!

- **Einsamkeit**

Die Volkskrankheit Einsamkeit, die schon vor der Pandemie mindestens mehrere Millionen Bundesbürger befallen hatte, hat sich durch den Shutdown verstärkt, der seit über einem Jahr in Deutschland herrscht. Man darf sich nicht wundern, wenn sich nach Abklingen der Pandemie die Zahl der Betroffenen vervielfältigen wird. Die Einsamkeit und die daraus entstehenden seelischen und psychischen Krankheiten werden zunehmen und die Gesellschaft in erheblichem Maß belasten. Es fragt sich, ob die Königin von Deutschland und ihre Ritter der Tafelrunde die Brisanz der Einsamkeit verstanden haben und ob nicht die sogenannten alternativlosen Lösungen infrage gestellt und nach realen Alternativen gesucht werden müssen, die das Zusammenkommen von Menschen ermöglichen. Auch wenn dies einen Preis fordern würden.

Herr, vergib ihnen nicht, denn sie wissen was sie tun!

- **Langzeitschäden**

Die gesundheitlichen Gefahren, die durch das Virus entstehen, sind vielfältig. Selbst für die Genesenen, die einen leichten Verlauf der Infektion hatten, können durchaus langfristige Schäden an verschiedenen vitalen Organen des Körpers auftreten, sei es das Herz, die Lungen, das Nervensystem, das Gehirn, die Leber, die Bauchspeicheldrüse. Diese Langzeitschäden dürfen nicht vernachlässigt werden, denn sie werden die sozialen Systeme in erheblichem Maß belasten. Es ist daher von Nöten vorausschauend eine professionelle Rehabilitation für die betroffenen Gruppen zur Verfügung zu stellen, um die Folgeschäden so gering wie möglich zu halten. Dies scheint jedoch der Königin von Deutschland und ihren Rittern der Tafelrunde überhaupt nicht bewusst zu sein.

Herr, vergib ihnen nicht, denn sie wissen was sie tun!

- **Grundrechte**

Grundrechte sind die Grundlage des Grundgesetzes. Die Aussetzung von Grundrechten stellt einen gravierenden Eingriff in das Grundgesetz und damit einen Schaden am Grundgesetz dar. Die Grundrechte sind keine Rechte, die nach Disposition der politischen Mehrheiten zur Verfügung gestellt werden können. Die Königin von Deutschland und ihre Ritter der Tafelrunde haben einen Tabubruch begangen, indem sie den Eindruck erweckt haben, dass sie die Grundrechte gewähren. Dies stimmt nicht, vielmehr müssen die politischen Eliten jeden Eingriff in Grundrechte genau begründen und die Verhältnismäßigkeit wahren. Dies ist nach Meinung vieler Verfassungsrichter nicht der Fall. Insoweit muss ein für alle Mal geklärt werden, dass Grundrechte für die Königin und ihre Tafelrunde tabu sind.

Herr, vergib ihnen nicht, denn sie wissen was sie tun!

- **Hass und Gewalt in den Medien**

Die politische Elite, die Königin von Deutschland und ihre Ritter der Tafelrunde sowie ihre Lakaien beklagen zunehmenden Hass und Gewalt im Netz. Dies ist es war grundsätzlich zu bedauern und zu verurteilen. Auf zweite Sicht jedoch muss untersucht werden, welche Möglichkeit die Bevölkerung hat unliebsame Vorgaben der Politik abzuwehren. Defacto keine, denn sie wird tagtäglich berieselt von Drohungen und Angst und von Auslegungen von einseitigen Wissenschaftlern. Diese Einseitigkeit der ständigen Berieselung mit Informationen fördert durchaus Widerstand und gegebenenfalls Hass und Gewalt. Wenn gleichzeitig durch Entscheidungen dieser Eliten Existenzangst entsteht, darf man sich nicht wundern, wenn die Betroffenen sich zur Wehr setzen.

Wenn gleichzeitig der Versuch der Manipulation durch die öffentlichen Medien beobachtet oder vermutet wird, weil diese stets Zustimmung zu den Anordnungen erkennen lassen, so darf es nicht wundern, wenn immer mehr Teile der Bevölkerung sich angeekelt von diesen Medien abwenden und die Möglichkeit nutzen, ihre Meinung in Netzen kundzutun.

Insbesondere wenn große Teile der Bevölkerung das Gefühl haben, dass die vorgetragene berechtigte Kritik an der zynischen Haltung der Königin von Deutschland und ihren Ritter abprallt, so darf es sich nicht wundern, wenn ein Wissenschaftler, der sich in der Nähe dieser Clique bewegt, als Feind angesehen wird.

Herr, vergib ihnen nicht, denn sie wissen was sie tun!

- **Querdenker**

Die Querdenker, die eigentlich keine Querdenker sind, sondern ein Ausdruck der Ablehnung der Politik der Königin von Deutschland, ihrer Ritter der Tafelrunde und der ihnen zugetanen öffentlichen Meinung. Die Querdenker jedoch haben sich aufgrund der ständigen Angst sowie dem Zerren an ihren Grundrechten in ihren Kreisen radikalisiert, sodass sie das gesamte System an sich infrage stellen. Diese Radikalisierung hat jedoch eine Ursache: dies ist die Zerstörung der Demokratie durch zwei Parteien, die letztendlich das Prinzip des Wechsels in der Demokratie ad absurdum geführt haben. Wenn die CDU/CSU 50 von 70 Jahren Bundesrepublik an der Macht ist und wenn die SPD fast 30 Jahre mitregiert, so muss man sich fragen: Wo bleibt der Wechsel, wo ist der demokratische Prozess. Und wenn gleichzeitig eine mittelmäßige Kanzlerin durch Intrigen an der Macht bleibt, so muss man gefragt haben: Wo bleibt die kritische Betrachtung des Systems. Insoweit darf man sich nicht wundern, wenn immer mehr Querdenker sich zu gegebener Zeit auf der Straße oder an der Wahlurne bemerkbar machen.

Herr, vergib ihnen nicht, denn sie wissen was sie tun!

- **Verschwörungstheoretiker**

Die Zunahme von Verschwörungstheoretikern hat eine Ursache in der mangelhaften Aufklärung durch die Königin von Deutschland, ihre Ritter der Tafelrunde sowie die angeschlossenen öffentlichen und privaten Medien. Pandemien und ihre Strukturen sind selbst für Fachleute schwierig zu verstehen und vor allem schwierig zu ertragen.

Wenn man nicht in der Lage ist und sich schon gar nicht die Mühe macht, die Bevölkerung aufzuklären und dabei auftritt wie ein Oberlehrer (der Gesundheitsminister, der Wirtschaftsminister, der Finanzminister), dann darf man sich nicht wundern, wenn die Leute eine einfache Erklärung suchen und diese häufig in den Verschwörungstheorien finden. Gleichzeitig werden interessierte Kreise alles daransetzen, die Verschwörungen anzufachen um ihre politischen Ziele zu erreichen. Der Hauptfehler geht jedoch von der politischen Elite aus, die nicht verstanden hat, dass Angst in der Bevölkerung irrationales Handeln erzeugt.

Herr, vergib ihnen nicht, denn sie wissen was sie tun!

16. Skandal um die Bestellung von Astra-Zeneca

Anfang Januar 2021 hat die Firma AstraZeneca angekündigt, dass sie nicht in der Lage ist, Europa die bestellten Mengen zu liefern. Daraufhin entwickelte sich eine teilweise in der Öffentlichkeit geführte Auseinandersetzung über den ausgehandelten Vertrag, den die Kommission und der Lieferant unterschiedlich deuteten. Der eigentliche Skandal ist jedoch die Tatsache, dass Ursula von der Leyen, die von der Gnade der Königin Deutschland ihre machtvolle Stellung in der EU-Kommission erhalten hatte, schlicht einfach versagt hat bei der Bestellung des Impfstoffes im Namen der EU-Mitglieder. Eins muss jedoch klargestellt werden: die EU-Kommission hat nicht die notwendigen Befugnisse, um mit Pharmaunternehmen und Gesundheitsanbietern Verträge für alle EU-Länder auszuhandeln.

Die Unfähigkeit von der Leyens, die glaubte alles selbst und im kleinen Kreis machen zu können, stieß in der gesamten EU-Verwaltung auf Kopfschütteln. Fakt ist, dass die EU-Verwaltung und die EU-Kommission und vor allem von der Leyen viel zu spät die Verträge abgeschlossen haben. Und vor allem hat sie versucht, die Preise pro Dose so sehr herunter zu handeln, dass der Produzent und Lieferant über diesen Preis kaum dazu motiviert wurden, der EU-Kommission bzw. den EU-Ländern die notwendigen Mengen so schnell wie möglich zu liefern.

Fakt ist auch, dass der Lieferant sich nicht verpflichtet hatte, eine bestimmte Menge zu liefern, sondern lediglich versprochen hatte, sein Möglichstes zu tun, um eine bestimmte Menge zu liefern.

Fakt ist aber auch, dass Israel, USA, England, Sri Lanka und andere Länder pro Dose bis zu 25 € bezahlt haben und die EU lediglich 2,40 €. Fakt ist auch, dass von der Leyen schlicht einfach die unfähigste Präsidentin der Kommission seit Gründung der EU ist und dass sie ihre Position den intelligenten Machenschaften von Macron verdankt, der mehr an der europäischen Zentralbank als an der Präsidentschaft der Kommission interessiert war, sowie der Unfähigkeit von der Königin Deutschlands, kritisch zu reflektieren und einen geeigneten Kandidaten zu präsentieren.

Nach wochenlangen öffentlichen Streitereien haben sich die Kommission und der Lieferant auf die Zusage des Lieferanten geeinigt. Die EU die EU-Kommission haben gegenüber der europäischen Bevölkerung erheblich an Kredit verloren. Im Nachhinein wurde bekannt, dass Angela Merkel persönlich ihren Gesundheitsminister zurückgepfiffen hatte, der im April oder Mai mit den drei Ländern Frankreich, Niederlande und Italien gemeinsam bestellen wollte. Merkel wollte die Beschaffung des Impfstoffes unter ihrer Präsidentschaft haben.

Wenn man nun erkennt, dass dadurch ein Verzug von mehreren Monaten für die Lieferung der benötigten Impfstoffe entstanden ist und damit mehrere Monate mit einer hohen Anzahl von Toten und den zerstörerischen wirtschaftliche Konsequenzen, so muss man sich fragen, ob diese Königin von Deutschland nach Beendigung ihres Amtes nicht vor ein Gericht gestellt werden müsste.

Zudem wurde die Zulassung für dieses Produkt in Deutschland entgegen der Erwartung nur für eine Bevölkerung von 18 bis 64 Jahren erteilt. Dies hatte wieder zur Konsequenz, dass die Nachfrage nach der Impfung mit diesem Impfstoff erheblich abgenommen hat. Selbst Mitglieder der

CDU waren erbost über die Art der Beschaffung, die sie als amateurhaft bezeichnet haben. Und dann kam es auch noch in manchen Krankenhäusern nach der Impfung mit AstraZeneca zu Nebenwirkungen, die einen großen Teil der Bediensteten krank gemacht haben.

Daraufhin lief die gesamte Propaganda- und Manipulationsmaschinerie auf vollen Touren, sei es durch Virologen, durch Politiker, durch Ärzte, die die Wirksamkeit des Impfstoffes lobten und kritischen Haltungen zu diesem Impfstoff verhindern wollten. Inwieweit dies gelungen ist bleibt abzuwarten

Nachweislich hat die Königin von Deutschland die deutsche Bevölkerung in mehrfacher Hinsicht angelogen, denn sie begründete öffentlich die verspätete Bestellung mit der Notwendigkeit der Verhandlungen über Haftungsfragen. Nachträglich stellte sich heraus, nachdem die Verträge in Gänze einsehbar gemacht wurden, dass dem Lieferanten keine Haftung für das Produkt und die Lieferfristen auferlegt wurden, sodass bei auftretenden schwerwiegenden Nebenwirkungen der jeweilige Staat für alle Kosten aufkommen muss. Mit anderen Worten: Das Volk haftet mit seinem Leben und seinem Vermögen für die Unfähigkeit, die Arroganz und Einbildung von einer Möchtegern Königin.

Herr, vergib ihnen nicht, denn sie wissen was sie tun!

17. 2. Quartal, 3. Quartal, 4. Quartal?

Schon Anfang Januar 2021 wurde die Manipulations- und Indoktrinationsmaschinerie der Politiker auf volle Touren gebracht - sei es in der Person des Gesundheitsministers, oder der Politiker der CDU, oder in der Person der Königin von Deutschland und ihren Rittern der Tafelrunde. Tagtäglich wurde eingehämmert, dass die Lieferung der Impfstoffe im 2. Quartal die Nachfrage übersteigen würde. Und sogar die Königin von Deutschland hat eine feste Zusage für das Impfangebot für jeden Deutschen im 3. Quartal 2021 getroffen.

Ein paar Tage später wurde wiederum über die ideologische Manipulationsmaschine tagtäglich mehrfach behauptet, dass bereits im 2. Quartal 2021 fast alle Deutschen einen Impftermin haben könnten. Inwieweit dies zutreffen wird, bleibt abzuwarten. Je mehr jedoch diese Maschinerie sich die Mühe gibt zu behaupten, dass sehr bald eine ausreichende Impfstoffversorgung vorliegen würde, desto mehr wurde dies durch die Bevölkerung bezweifelt. Und je mehr sie zusicherten, ausreichend Impfstoff zu haben, desto geringer wurde die Glaubwürdigkeit. Es erwies sich wieder als Illusion.

Viele der Mitbürger wurden fatalistisch und warten lediglich darauf, dass die schriftliche Aufforderung zum Impfen zu gehen, bei Ihnen im Briefkasten liegt.

Herr, vergib ihnen nicht, denn sie wissen was sie tun!

18. Mutationen: eine Katastrophe? Sisyphus ruft

In der 24. Krisensitzung wurde die Fortsetzung des harten Shutdowns mit den Mutationen begründet, vor allem der englischen, der südafrikanischen und der brasilianischen. Fakt ist jedoch, dass per 15. Februar 2021 weltweit laut WHO über 3000 Mutationen registriert worden sind. Und schon wieder fingen die Virologen an sich mit der Gefährlichkeit der jeweiligen Mutation im Fernsehen zu überbieten und schon wieder wurde mit der Angst der Bevölkerung gespielt.

Und schon wieder wurde begründet, dass ab sofort ein anderer Gral, nämlich die 35, gelten müsste. Und wenn es nach der Königin von Deutschland ginge, müsste dieser heilige Gral zwischen 10 und 0 liegen. Und man könnte durchaus noch ein paar Monate den harten Shutdown durchführen.

Es fragt sich was passiert, wenn in 4 oder 6 Wochen eine noch gefährlichere Mutation des Virus irgendwo in der Welt festgestellt wird. Müssen wir dann schon wieder die Zahlen reduzieren auf vielleicht auf -10 Infizierte pro 100.000 in einer Woche? Und was passiert, wenn auf diese Weise eine noch gefährlichere Mutation auftreten würde: Müssen wir dann einen extra harten Shutdown beschließen?

Dies kommt dem Herrn Michel wie die Arbeit des Sisyphus vor. Immer wenn dieser mit dem Stein auf der Bergspitze angekommen war, rollte dieser wieder hinunter und die gesamte Arbeit begann von vorn.

Wenn das die gesamte Strategie der Königin von Deutschland und der Ritter der Tafelrunde ist, so muss man am Verstand dieser sogenannten Eliten zweifeln. Insoweit kommt zu dem Warten auf Godot die Arbeit des Sisyphus hinzu.

Herr, vergib ihnen nicht, denn sie wissen was sie tun!

19. Die Monate März bis April 2021

Und schon wieder wurde Anfang März beschlossen, dass ein harter Shutdown erforderlich ist. Ein paar Tage später wurden gewisse Lockerungen durch die Königin von Deutschland und ihre Ritter der Tafelrunde beschlossen. Und dies wurde dann wieder von Bundesland zu Bundesland anders interpretiert. Und schon wieder wurden die Einschränkungen von Kommune zu Kommune unterschiedlich gehandhabt. Und schon wieder teilte Astra-Zeneca mit, dass sie nur die Hälfte der für das 2. Quartal versprochenen Lieferungen schaffen könnten.

Während dieser Zeit wurde jedoch bei mindestens 8 Personen in Deutschland schwerwiegende Nebenwirkungen, 3 mit Todesfolge, festgestellt. Und schon wieder wurde für eine Woche das Impfen mit diesem Produkt ausgesetzt. Und schon wieder musste die EMA den angeblich risikolosen Impfstoff wieder zum Impfen freigeben. Während der geringen Lockerungen wurde verkündet, dass Urlaub auf Mallorca möglich ist, jedoch nicht in Deutschland. Und am 22.3.21 wurde beschlossen, den harten Shutdown bis mindestens 18.4.21 zu verlängern.

Während dieser Zeit wurde aber auch festgestellt, dass Bundestagsabgeordnete sich an der Beschaffung von Masken erheblich bereichert hatten. Und auch der Partner des Gesundheitsministers Spahn hat unter Nutzung des Ministeriums von der Pandemie profitiert.

Herr, vergib ihnen nicht, denn sie wissen was sie tun!

20. Und immer noch warten wir auf Godot!

Der Herr Michel schaut sich die Gesamtentwicklung seit einem Jahr an, mal kritisch, mal amüsiert, mal verzweifelt und mal resigniert. Das Warten auf Heilmittel für die Bekämpfung der Krankheit wurde in den Hintergrund gestellt und die gesamten Anstrengungen richten sich weltweit nur noch auf das Impfen. Eine erhebliche Problematik liegt jedoch in der Unfähigkeit der alternativlosen Königin von Deutschland und ihren Rittern der Tafelrunde, eine professionelle Impfstoff Beschaffung und eine reibungslose Impfung der Bevölkerung zu organisieren, ohne daraus eine bürokratische und komplexe Angelegenheit zu machen. Sehr praktisch orientierte kleinere Staaten wie Israel oder sogar die USA oder Großbritannien machen es uns vor. Er stellt sich die Frage, warum nicht in Kaufhäusern geimpft werden kann, oder bei den Hausärzten.

Zusätzlich zu diesem Impf-Desaster kommt nun der untaugliche Versuch, mithilfe des Testens Freiheiten zu ermöglichen. Dass die Tests entgegen den Aussagen des Gesundheitsministers nicht sofort und überall in ausreichendem Maß verfügbar sind, zeigt ja nur, dass es nicht mehr als eine zusätzliche Illusion war.

Oder mit anderen Worten:

Das Warten auf Godot

21. Schlussbemerkung

Der Herr Michel hatte schon eine Pandemie erlebt und er-innert sich daran, wie man mit dieser Pandemie seinerzeit umgegangen ist, die in Deutschland immerhin fast 54.000 Tote gefordert hat: Es gab keine öffentliche Hysterie, kein Erzeugen von Hoffnungen, die nicht erfüllt oder nicht rechtzeitig erfüllt werden konnten. Diese Pandemie ist mit einem Minimum an kollateralen Schäden vorbeigegangen.

Die Schäden, die heutzutage durch Entscheidungen durch die Königin von Deutschland und ihren Rittern der Tafel-runde verursacht worden sind, haben bereits einen sehr sehr hohen Preis. In der Abwägung aller Gesichtspunkte sieht Herr Michel den Preis als zu hoch an.

Die Schuldigen sind für Herrn Michel: Angela Merkel und ihr System der Alternativlosigkeit und die CDU und die SPD, die de facto die Demokratie und das Grundgesetz au-ßer Kraft gesetzt haben.